LAMARTINE

PAR

ÉMILE CHASLES

CONFÉRENCES FAITES LES DIMANCHES 9 ET 16 MAI, DANS LES DEUX MATINÉES
LITTÉRAIRES DONNÉES PAR M. BALLANDE EN L'HONNEUR DE LAMARTINE

AVEC PORTRAIT ET AUTOGRAPHE

PARIS
BUREAUX DE L'ÉCHO DE LA SORBONNE
7, RUE GUÉNÉGAUD, 7

1869

LAMARTINE

AVANT-PROPOS

Les pages que l'on va lire sont le résumé de deux improvisations que je ne croyais pas destinées à survivre au moment où je les ai prononcées. La sympathie de l'auditoire pour le nom de Lamartine a donné à mes paroles plus d'écho qu'elles n'en méritaient, et on m'a demandé l'impression de ces deux conférences. Il était trop tard pour les recueillir. J'ai essayé du moins d'en consigner ici la pensée principale.

E. C.

A DE LAMARTINE

Dessin de M. H. Rousseau, d'après une photographie de M. Martens.

FAC-SIMILE D'UN AUTOGRAPHE DE LAMARTINE

(Voir page 12)

LAMARTINE

PAR

ÉMILE CHASLES

CONFÉRENCES FAITES LES DIMANCHES 9 ET 16 MAI, DANS LES DEUX MATINÉES
LITTÉRAIRES DONNÉES PAR M. BALLANDE EN L'HONNEUR DE LAMARTINE

AVEC PORTRAIT ET AUTOGRAPHE

PARIS

BUREAUX DE L'ÉCHO DE LA SORBONNE
7, RUE GUÉNÉGAUD, 7

1869

I

9 mai 1869.

Messieurs,

Votre présence est un premier éloge pour Lamartine. L'empressement avec lequel vous vous êtes réunis à l'appel de son nom prouve mieux en sa faveur que tout ce que je pourrais dire. Qui donc avait pensé qu'il faut encore faire silence autour de ce nom ? Sans doute il est trop tôt pour juger la vie politique de Lamartine, mais il est déjà tard pour acclamer le génie supérieur dont le triomphe date d'un demi-siècle. Ne laissons pas croire à un ostracisme qui ne ferait pas honneur à la France, et témoignons ensemble de notre respect pour la poésie en saluant la cendre même du poète qui nous quitte.

Je parlerai de lui familièrement comme d'un homme que j'ai connu, et franchement comme à des hommes qui aiment la vérité.

Et, d'abord, comment devons-nous juger les poètes ? Je sais deux manières de les écouter et de les comprendre : l'une est de les lire à l'envers, en remarquant les taches de leur œuvre ; l'autre de les regarder à l'endroit, par leur beau côté, et de retenir d'eux ce qui est grand, utile et mémorable.

Ouvrons, par exemple, Horace, le plus traduit des écrivains : Nous pouvons, si cela nous plaît, démontrer péremptoirement qu'il a flatté Auguste, et humilier le poète dans la personne du courtisan. Mais nous pouvons aussi user de la méthode de Corneille de Witt, le grand homme d'état de la Hollande, qui méditait et savait par cœur les plus nobles vers d'Horace. Un jour qu'une populace furieuse le menaçait de mort s'il ne jurait pas de faire un acte injuste, il récita en lui-même une strophe latine de son auteur : *Justum et tenacem...* « L'homme juste et ferme ne recule pas devant la fureur de ses concitoyens qui lui ordonnent le mal. » On raconte qu'il fut mis à la torture, et qu'au milieu des souffrances il répétait ces vers. Voilà ce que j'appelle l'intelligence de la poésie !

Ce souvenir touchant et sombre vous semble-t-il trop douloureux ? Laissez-moi vous raconter deux traits plus voisins de nous et qui se rapportent à Lamartine. C'était au moment où il venait de publier les *Confidences* (1849) et les *Nouvelles confidences* (1851) ; tout le monde les lisait avec une sorte de curiosité indiscrète, car l'auteur, retiré en Bourgogne au lendemain de sa puissance, avait l'air d'un sphinx dans le désert. Je visitai alors, à Mâcon, la maison que Lamartine avait habitée dans sa jeunesse. La propriétaire, femme très-simple et spirituelle sans prétention, riait encore de la visite récente d'un Anglais qui était venu, son carnet à la main, vérifier une à une les assertions de Lamartine. Il avait découvert avec une joie extrême que la chambre des Muses (ainsi appelée parce qu'elle était ornée de quelques figures en bois sculpté), n'était pas à l'étage indiqué par les *Confidences* : et aussitôt il avait écrit cette note triomphale : « M. de Lamartine a *confusu.* » — Ce touriste pratiquait la critique impitoyable.

Le hasard voulut que, dans le même temps, comme j'étais allé voir le poète dans sa retraite de Monceaux, nous parlâmes des jugements qu'on portait sur lui. Il voyait les choses de si haut que les milliers de critiques dirigées contre sa personne semblaient des traits impuissants lancés par des mains enfantines et tombant à ses pieds. Quelqu'un venant à lui parler de ses discours lui disait :

— Quel style avez-vous inventé pour vous faire écouter du peuple quand il n'écoutait plus personne ?

— Il faut, répondit-il, parler au peuple un langage élevé. C'est une erreur de croire, comme plus d'un l'a pensé, que la vulgarité des idées ou des mots soit nécessaire quand on s'adresse à la foule. Je suis resté poète, et tout le monde m'a compris.

En revenant, le soir, de Monceaux, je rapprochais malgré moi les deux paroles que je viens de citer, celle du commentateur, qui épluchant un écrivain de génie le rabaissait un peu, et celle de cet homme de génie qui, au contraire, élevait la foule à la poésie, pour transfigurer le peuple. Il me sembla alors que le jugement du rêveur était, non-seulement plus généreux, mais aussi plus fécond et plus vrai, que celui du voyageur positif. Le commentateur avait les yeux du lynx mais le poète avait le regard de l'aigle.

Aujourd'hui je crois plus que jamais, après avoir manié moi-même la critique très-sévèrement, que l'on juge par l'admiration avec plus de profondeur que par l'esprit d'examen minutieux et hostile.

C'est précisément parce que Lamartine avait pensé de cette manière, en 1820, parce qu'il aimait les lettres, parce qu'il croyait à la dignité sérieuse de la poésie, qu'il devint si puissant un jour.

Or, il y avait quelque mérite à adopter vigoureusement le parti de la grande poésie en 1820. Reportons-nous à cette époque, pénétrons avec Lamartine dans le temps et le milieu où s'écoulèrent ses premières années : nous verrons que l'originalité de son génie fut précisément due à la résolution avec laquelle il embrassa le parti de l'enthousiasme dans des circonstances qui ne s'y prêtaient guères.

Il a dépeint lui-même la vie intérieure de sa famille. Autour de son enfance les personnes les plus honorables multipliaient pour lui des impressions que sa nature délicate ressentait vivement. Mais ces personnes mêmes, par la diversité de leurs caractères, de leur existence et de leurs opinions, troublaient un peu l'esprit de l'adolescent. Le chef de la famille, esprit solide et précis, exigeait de lui une docilité absolue, et comme la science des lois ou celle des chiffres dominaient l'intelligence de cet ancien parlementaire, le jeune poète se trouvait en dissidence et en contraste avec lui. Il est certain que l'oncle dont je parle ici ne communiqua jamais à Lamartine l'amour de l'exactitude et de l'économie.

A côté de l'oncle savant se trouvait un oncle abbé qui portait le costume laïque, qui avait pour mobilier une panoplie, pour amis intimes des chiens de chasse et pour bréviaire habituel un Voltaire. Homme du monde, forcé par les usages du temps de se faire homme d'Église, il prenait gravement le contrepied de son état. Assurément ce ne fut pas lui qui gagna Lamartine au spiritualisme religieux.

Placez autour de ces types d'autrefois quelques hommes revenus de Paris, rompus au monde, riches de souvenirs et d'anecdotes, un diplomate, un girondin à la figure sombre, un abbé de cour, puis un troisième abbé, Sigorgne, qui mêlait à l'enseignement chrétien l'art d'écrire des couplets de société, en un mot, toutes les figures esquissées par Lamartine dans les *Confidences :* vous pouvez entrevoir dans quelle atmosphère il vivait. Aucun de ces hommes, que la Révolution, l'esprit du Parlement et l'Encyclopédie avaient diversement influencés, ne put avoir de prise sur le génie indépendant de l'héritier de la famille. La seule action que la société de la fin du xviiie siècle exerça un jour sur sa pensée fut de lui inspirer quelques vers aimables, que nous appellerions aujourd'hui des vers gaulois.

Le fait est demeuré presque secret, parce que Lamartine a voulu l'oublier; mais il est exact. Dans toutes les provinces de France on savait par cœur les petits vers de Chaulieu, de Voltaire, de Parny. L'inspiration qui a dicté à De Moustiers les *Lettres sur la Mythologie* régnait sur tout un monde. A Mâcon, spécialement, on joignait à la bibliothèque des poètes faciles les œuvres de Sénecé, poète du pays, jadis, au xviie siècle, courtisan de Marie-Thérèse; conteur charmant que Laharpe a signalé comme un modèle dans un genre secondaire. Il avait de nombreux disciples en Bourgogne, entr'autres M. Trambly, qui saisissait habilement la forme et le rhythme de son maître.

Un jour, Lamartine adressa à M. Trambly un dizain écrit de même style. Il

avait remarqué que l'ancienne demeure de Sénecé était occupée par un homme
fort étranger à la poésie. Ce fut l'occasion de la petite pièce suivante :

M. TRAMBLY.

De Sénecé l'ombre aimable et gentille
Dans ce château, par sa lyre ennobli,
Revint un jour des rives de l'oubli ;
Le sombre ennui le reçut à la grille.
Lors il s'enfuit... Puis se tournant devers
L'humble ermitage où, malgré cent hivers,
Dans tes chansons sa verve encor pétille,
Avec surprise, il écouta tes airs.
— Holà ! dit-il, reconnaissant ces vers,
Mon héritier n'est pas de ma famille.

Quand on rappelait à Lamartine qu'il avait écrit deux ou trois cahiers de
vers semblables, il souriait et ne regrettait pas de les avoir brûlés. Ceux que
je viens de citer furent entre nous l'objet d'un petit débat; il voulait qu'on ne
les ressuscitât jamais.

— Au moins, ajoutait-il, donnez-les moi pour les corriger.

Je les lui remis, et il ne songea pas, on le pense bien, à retoucher un seul
mot du dizain. Il m'écrivait à ce propos le billet suivant :

« Je n'ai plus la main aux vers. Je n'ose même retoucher ceux-ci. C'est un
cheveu trop blond parmi des cheveux trop gris..... »

Si j'ai insisté sur ce petit fait, c'est qu'il va nous éclairer sur l'espèce de
révolution qui se produisit dans l'esprit de Lamartine et dont le contre-coup
agit sur toute la France. Quand il se décida à jeter au feu ses rimes gauloises,
il avait deviné d'un coup-d'œil la vraie route à suivre.

Comment cela arriva-t-il ? Lamartine n'était qu'un écolier mutin, impatient
de liberté, qui s'échappa un jour du collége de Lyon, où on l'avait placé, en
attendant qu'il pût s'échapper de Mâcon pour voir la France, et de la France
pour courir l'Italie, ou de l'Europe pour voir l'Orient. Rien ne le préparait à
son rôle de poète lyrique.

Si !... une influence secrète le pénétrait à son insu des idées et des rêves
qui plus tard firent explosion dans ses œuvres. Sa mère vivait, au milieu de la
société du temps, comme une femme sérieuse et tendre, capable d'inspirer à
un fils des réflexions élevées, des émotions sereines et des ambitions poéti-
ques. Très-douce pour lui, et peut-être complice de ses instincts prodigues,
elle n'exigeait, en retour de ses indulgences quotidiennes, qu'un peu d'atten-
tion pour les pensées religieuses qu'elle nourrissait au moment où les esprits
étaient livrés à mille débats irritants.

On devine ce qui se passa. Lamartine, au moment même où il suivait la
même pente que tout le monde, recevait et garda en lui les germes d'une
pensée qui fut plus tard l'esprit de son œuvre : je veux dire la pensée de l'infini.

Peu à peu les hommes et les choses prirent à ses yeux une autre physionomie. La nature qui l'entourait et qu'il aimait en artiste, en chasseur, en
voyageur, lui sembla éclairée d'une lumière divine. Les livres qu'il trouvait

sur les tables des uns et des autres, Ossian d'abord, puis l'Arioste, lui révélè-
rent des horizons inconnus : la profondeur mystérieuse des contrées septen-
trionales, le splendide rayonnement du beau dans les contrées du midi, se
disputèrent son imagination. Enfin, pourquoi ne pas le dire, les premières
émotions qui préoccupèrent son âme à la rencontre de telle ou telle jeune fille,
mêlèrent à ses rêveries un sentiment vague et doux qui ne ressemblait pas à
la galanterie spirituellement légère des élèves de Parny. Toutes ces poésies
de la jeunesse se confondant en lui, il composa avec un trouble solennel des
vers à la manière d'Ossian qu'il adressa à celle qu'il nomme Lucy :

> Ombres de l'avenir, levez-vous pour mon âme,
> Écartez la vapeur qui vous voile à mes yeux !
> Quelle étoile descend ?... Quel fantôme de femme
> Pose ses pieds muets sur le cristal des cieux ?

Cette femme qu'il entrevoit ainsi dans l'espace, entre ciel et terre, est à
peine une femme : c'est une vision, c'est une âme

> Mêlée aux brumes d'or de l'impalpable éther !

On comprend déjà que le jeune homme qui écrit ces vers ne sera pas l'élève
de De Moustiers. En peignant une *Elvire* — qui n'exista jamais, — il sera le
peintre de l'idéal.

L'étonnement fut grand autour de lui quand il lut ses vers à son père qui
n'osait pas les admirer tout haut : car, enfin, on n'écrivait pas ainsi. Un *poëme
sur l'âme*, comme celui qu'il composa alors, était un retour audacieux à la foi
du moyen âge, et en même temps le style, l'essor, la liberté aérienne de cette
poésie étaient des innovations d'une témérité incroyable : Lamartine parlait
une langue inconnue. Ainsi pensait, avec inquiétude, le père du poète. Mais
la mère distingua un nom de femme en tête des œuvres de son fils ; elle dé-
couvrit au fond d'une malle des strophes enthousiastes sur « une rose trouvée
au bal. » Elle fit partir du pays le jeune homme trop inspiré. Celui-ci alla en
Italie : il ne lui manquait plus que le feu du ciel italien pour mûrir en lui
l'adoration du beau. Quand il revint, il était Lamartine, c'est-à-dire le poète
lyrique, maître de son art, qui sait donner leur majesté pittoresque ou leur
charme à toutes les choses de la nature et de la pensée ; et il prit sans effort
le rôle que vous savez, celui d'un initiateur qui entraîne après lui le peuple
des esprits.

Vous redirai-je l'effet magique des *Harmonies* et des *Méditations* ? Ai-je be-
soin de rappeler l'ascension radieuse du poète qui fut dès son aurore un poète
national ?... Non, assurément ; vous savez par cœur ces vers qui n'ont rien
perdu de leur mélodie ni de leur caractère. Ce qu'il convient de chercher en ce
moment, ce n'est pas si de pareils vers sont beaux, c'est comment ils ont exercé
une influence si soudaine et si durable, et au nom de quelle vérité Lamartine
a pu s'emparer un jour de l'imagination française. Car, Messieurs, on n'a
jamais d'empire sur les hommes que par une vérité ; et on n'a jamais de
gloire, dans le sens large du mot, que lorsqu'on est l'écho d'une pensée géné-

rale et nécessaire. J'expliquerai tout à l'heure ce que j'avance. J'ai hâte d'en venir au point capital qui intéresse et l'histoire de Lamartine et la nôtre, de chercher quel fut l'esprit de son œuvre, quelle place il a prise dans le XIXe siècle et s'il la gardera.

Embrassons d'un coup d'œil l'espace et le temps, les années écoulées depuis 1770 jusqu'à nous. Deux tendances opposées se disputent l'esprit de la France pendant cette période; l'une est de détruire l'ancien régime, l'autre est de construire un système politique et social; l'une est spirituelle et vit de négation, l'autre est passionnée et prépare une création. Toutes deux triomphent tour à tour, car toutes deux sont nécessaires. Sans l'ironie qui bat en brèche les vieilles institutions, comment déblayer le terrain? Sans l'activité positive qui fonde quelque chose, à quoi bon renverser ce qui était? La succession et l'antinomie de ces deux efforts est donc un fait logique. Ce que nous appelons la Révolution est l'effet inévitable de ce double travail des esprits : toutes les forces de la France concourent à composer en lettres de feu la grande date de 89... (Applaudissements.)

. . . .

Je dis, Messieurs, la grande date de 89, et vous applaudissez à ce souvenir. Mais il faut nous entendre sur le sens que nous attachons à un chiffre célèbre, dont les déclamateurs abusent pour surprendre les applaudissements. Précisons ce qui vient d'être dit.

89 est une date, à mes yeux, d'unanimité nationale, et c'est pourquoi je l'admire. On répète souvent que c'est la victoire du peuple, le renversement de l'aristocratie, la chute du clergé... Phrases vides de sens! La Révolution n'est pas la guerre civile; elle n'est pas le triomphe d'une classe sur les autres classes. Qui l'a faite? Tout le monde, car tout le monde a concouru à la rédaction des cahiers des États-Généraux; dans ces cahiers fut consignée l'expression générale de l'opinion. Là on a traité les questions, là on a formulé ses vœux, là on a déclaré nettement les espérances et les résolutions du pays. La noblesse, le clergé, le tiers-état, chacun des trois ordres s'est réuni autour de la pensée unique d'une réforme fondamentale... 89, c'est donc la France unanime, qui se consulte et qui prononce, c'est le consentement du pays à la vérité, c'est l'harmonie des volontés préludant à la fondation d'un ordre nouveau. Voilà pourquoi ce fut une grande date.

Un mouvement qui est national parce qu'il se fonde sur la conformité pacifique des esprits est d'une puissance irrésistible. S'y opposer, c'est provoquer un éclat formidable. L'Europe veut arrêter la Révolution; Louis XVI, pressé entre elles deux, est écrasé dans le choc; le plus juste des rois devient un roi martyr.

Supposez au contraire que les deux tendances dont nous venons de voir l'action commune se divisent et divisent les hommes. C'est ce qui arriva le lendemain de la Révolution : les uns se proclamèrent niveleurs absolus, comme Caïus Gracchus Babeuf, qui proposa la *République des égaux;* les autres prétendirent ressusciter l'ancien régime comme si Dieu permettait de faire reculer le temps. D'un côté on niait la Révolution, de l'autre on la dépassait comme pour l'entraîner et la perdre. On se plaçait au-delà ou en deçà de 89. — La guerre seule entretint alors avec l'idée de la défense commune l'amour de la communauté patriotique ; aussi la force véritable fut-elle alors autour du drapeau, et la France confia ses destinées à la main qui le tenait le mieux. Le consulat permit au pays de respirer après une lutte gigantesque et troublée qui avait duré dix ans.

Mais alors, quand on put se recueillir et s'entre-regarder, quand les deux grands partis des Jacobins et des émigrés furent également contenus par le premier consul, alors on eut soif de pensées, de lectures, d'aliments intellectuels. Au milieu des ruines du passé, les esprits fatigués cherchèrent à ressaisir quelque chose des croyances de la veille. Châteaubriand publia le *Génie du Christianisme*. C'était une poétique que les événements rendaient nouvelle. Un parti immense se forma tout à coup sous l'égide du grand écrivain ; on ne vit pas les défauts de son œuvre et elle aurait rallié tout le pays, si l'auteur, par ses ambitions personnelles, n'avait changé de physionomie aux yeux de la France.

Plus jeune de vingt ans au moins, Lamartine parut ; il ne fit pas de système, il ne mêla pas ingénieusement la passion et l'art à l'idée chrétienne ; il chanta l'amour de la nature et l'idée de l'infini, avec un enthousiasme qui gagna tous les cœurs. Son premier mot, simple et libre, était fait pour étonner une génération active et tumultueuse : *Méditations !* Ce titre, qui semblait inviter l'homme à faire un retour sur lui-même, ne fut pas compris tout d'abord ; mais peu à peu il s'éclaira à tous les yeux et il prit un sens profond. La seconde parole du jeune rêveur fut encore plus significative : il donna les *Harmonies !* On céda au charme de ses vers. Qui aurait pu résister à la voix mélodieuse qui s'élevait tout à coup et qui invoquait dans l'âme même de l'homme le sentiment éternel de sa nature, le culte du beau, l'amour de l'idéal ?... Elle nous rendait, après un grand orage, la fleur même de la vie. Lamartine ramenait l'esprit français à sa générosité première ; et ce que personne ne semblait pouvoir faire, ce retour à l'harmonie morale que ni la philanthropie, ni la loi, ni la politique n'auraient obtenu de la lassitude des esprits, la poésie seule le réalisa.

C'est là vraiment la gloire de Lamartine, gloire nationale, qui est liée intimement aux inquiétudes et aux réveils de l'intelligence française. Je le répète, la grandeur d'un poète et sa seule jouissance inaltérable est de pouvoir un seul jour rencontrer l'unanimité et le concert de toutes les âmes en exprimant des pensées qui reposaient en elles à l'état de pressentiments et d'instincts.

Gardons-nous, Messieurs, de considérer la gloire comme un accident et d'attribuer le long retentissement d'une œuvre soit au hasard des événements, soit à l'influence habile d'une école littéraire, soit à l'inspiration capricieuse d'un artiste. Rien de tout cela ne suffit à remuer le cœur de tout un peuple.

La gloire n'est pas chose individuelle ; elle tient à l'échange qui s'établit un jour entre un homme bien doué et la masse des hommes. Elle est le fruit d'un accord moral, d'une communauté d'idées entre la foule et son heureux interprète. Bien plus ! cette communauté de sentiments qui se révèle à propos d'un beau livre, nul ne peut dire qu'il la fera naître à son gré. Elle est spontanée ; le poète n'obtient pas les acclamations à l'heure où il les rêvait ; puis, un matin, les sympathies éclatent sur ses pas au moment où il en a désespéré. Lamartine l'éprouva, quand, à son retour d'Orient, il se vit universellement célèbre, lui qui avait eu grand'peine naguère à trouver un éditeur. Châteaubriand lui-même raillait Ballanche sur ses illusions à cet égard : « Vous me dites des choses charmantes sur la gloire, lui écrivait-il. Vous savez que je voudrais y croire, mais qu'au fond je n'y crois pas, et c'est là mon mal. Car si une fois, il pouvait m'entrer dans l'esprit que je suis un chef-d'œuvre de nature, je passerais mes vieux jours en contemplation de moi-même. Comme les ours qui vivent de leur graisse pendant l'hiver, en se léchant les pattes, je vivrais de mon admiration pour moi pendant l'hiver de ma vie ; je me lécherais et j'aurais la plus belle toison du monde. Malheureusement je ne suis qu'un pauvre ours maigre, et je n'ai pas de quoi faire un petit repas dans toute ma peau. »

Sans croire les yeux fermés au détachement des poètes, je suis persuadé qu'il y a plus d'un déboire dans leur destinée glorieuse et que leur force réelle est dans leur solidarité avec nous tous. Lamartine a subi plus d'une atteinte ; jamais personne ne lui enlèvera l'honneur d'avoir un jour mis à l'unisson tout le pays.

Je vais plus loin : s'il y eut, dans le triomphe de Lamartine, du génie et du bonheur, il y eut aussi du courage. Il fallait lutter contre un adversaire dangereux, contre le scepticisme : c'est un parti commode, bien armé et qui paraît toujours spirituel. Rien de plus aisé que le rôle du sceptique ; il attaque tout et n'a rien à défendre. Les « prêcheurs de néant, » comme les appelait Lamartine, viennent facilement à bout des intelligences vulgaires ; un ricanement leur suffit pour troubler les esprits faibles. On ne s'aperçoit pas qu'en détruisant nos prétendues illusions, ils ne mettent rien à la place. Ils décolorent tout, ils désenchantent la vie, ils nous laissent dans une horrible indigence morale, et quand nous les avons suivis, allant aux jouissances, croyant aux choses, entassant l'or ou le cuivre dans la chambre qui est pleine, tandis que l'âme est vide, alors nous nous trouvons en face de la mort qui nous décompose et qui nous donne le grand démenti. Mais enfin, malgré tout, on écoute les sceptiques, et ils nous persuadent que nous sommes des singes.

Je trouve courageux et j'admire l'homme de génie qui, en face du sceptique, maintient les droits de l'humanité et se montre d'autant plus naïf, d'autant plus éthéré, si vous voulez, que la foule est plus railleuse et plus lourde. Il répond tranquillement aux esprits négateurs :

La poésie est une réalité ; car l'idéal, c'est nous-mêmes : la boue, c'est le reste. Si la vie est un gîte, il faut l'orner. J'ai plus de foi dans les âmes que dans les choses. Je crois au beau et à l'art qui l'exprime ; je crois au vrai et à la science qui le cherche ; je crois au bien et à la bonté qui l'accomplit : la bonté est le génie du cœur. Je crois à l'immortalité de l'esprit ; je crois à l'infini. Mon credo me fait vivre et remplit le monde pour moi de trésors et de parfums, depuis l'aurore jusqu'au crépuscule.

Tel est son langage ; pour lui, la poésie est un soleil irradiant les ténèbres, c'est l'esprit qui flotte sur la matière.

L'œuvre de Lamartine fut, dans un temps d'examen et de doute, une pro-

fession de foi résolue. Il alla du premier coup jusqu'aux extrêmes limites d u
spiritualisme. Qu'on l'aime ou qu'on le combatte, voilà sur quel terrain il s'est
placé, avec une constance, une énergie et une puissance incomparables. Telle
fut sa fermeté, en ce sens qu'il devint pour ainsi dire un chef de parti littéraire, répudiant tout écrivain trop libre comme un ennemi. Il alla si loin dans
cette détermination qu'il frappa de son dédain La Fontaine et Rabelais, et toute
cette partie de notre littérature qu'on appelle *gauloise*. En l'admirant, il aurait
cru transiger.

En ceci Lamartine se trompait ; mais il admettait, dans l'acception moderne,
ces mots mal compris : *l'esprit gaulois*. Il ignorait ce que nous savons à
peine d'hier, que le véritable esprit gaulois n'est pas un esprit de cynisme et
de raillerie. Quand les études historiques auront éclairé nos origines, on sera
surpris de voir que quinze cents ans avant Jésus-Christ, notre race avait des
maîtres savants qui lui enseignaient un dogme unique : l'immortalité de
l'âme, et que tous, jusqu'au dernier combattant, vivaient de cette croyance.
Les Gaulois avaient une foi vive dans la suprématie de l'âme sur le corps et
de l'homme sur la nature. Quand ils furent vaincus, ils raillèrent leurs vain-
queurs, qui n'avaient pas « le secret de la vérité. » Ils mêlèrent à leurs convic-
tions une ironie active qui n'a jamais abandonné la nation : d'où il est résulté
que le plus croyant et le plus moqueur des peuples fut le peuple gaulois : cela
n'a jamais changé ; aussi a-t-on vu dans le même temps Rabelais en face de
Ronsard, La Fontaine en face de Bossuet, l'esprit critique en face de la poésie.

Le rôle de Lamartine, rôle de poète, fut précisément de revendiquer parmi
nous les droits éternels de notre foi antique. Il était plus gaulois qu'il ne s'en
doutait, et il ressemblait à ces maîtres d'autrefois qui, du sein des forêts pri-
mitives, enseignèrent à la Gaule la toute-puissance de l'âme. Lisez ses œuvres :
vous le verrez, soit au milieu de la nature, soit au milieu des villes et des
hommes, réclamer toujours pour les vérités générales et supérieures qui nous
élèvent au-dessus de la vie présente.

(Ici l'orateur donne lecture de quelques fragments tirés de *Milly* ou *la terre
natale* et du discours *sur le drapeau rouge*).

Avec quelle sérénité il rappelait à ceux qui l'écoutaient les idées sublimes
autour desquelles les esprits viennent s'unir ! Avec quelle plénitude de génie
il accomplissait son œuvre ! le temps me manque pour le dire. Ceux qui l'ont
vu dans sa gloire lui diraient comme Sainte-Beuve :

> Et dans ton sein coulait cette harmonie humaine,
> Sans laisser d'autre ivresse à la lèvre sereine
> Qu'un sourire suave, à peine s'imprimant ;
> Ton œil étincelait sans éblouissement.....

II

16 mai 1869.

Messieurs,

Dimanche dernier, nous parlions de Lamartine poète; nous admirions comment, en 1830, un homme, sans autre puissance que le génie des vers, rallia toute la France autour d'un idéal qui est, après tout, dans la tradition séculaire de notre race. Lamartine éclaira alors d'un rayon de lumière le drapeau même du pays; son histoire nous explique une partie de la nôtre. Le passé du xix⁰ siècle est marqué d'un caractère de grandeur ineffaçable par l'apparition et l'essor de la poésie lyrique inaugurée par Lamartine.

Mais c'est le passé. — A l'heure où je parle, au milieu des agitations de la pensée moderne, on est en droit de se demander ce qu'il reste pour nous et nos enfants de ce grand mouvement qui date déjà d'un demi-siècle. Plus il appartient à l'histoire, moins il semble intéresser les générations nouvelles. J'entends une voix me dire : — Si nous songions à nous, au présent, à l'avenir? — Qu'est devenue l'influence de Lamartine? Quelles traces laissera-t-elle sur la fin du siècle? Quelle utilité positive offrira en 1870 l'impulsion donnée par l'homme de 1820?

Eh bien, Messieurs! Lamartine a jugé notre époque tout entière, et son œuvre est pleine d'enseignements pour l'avenir intellectuel du pays. Après le

poète est venu l'orateur, après l'orateur l'historien, après l'historien le critique, et, dans ce triple rôle, il a marqué de son empreinte les choses qui seront
demain comme celles qui étaient hier. C'est le privilége de la pensée de
briser les cadres étroits du temps et de l'espace. De 1830 à 1848, Lamartine a
gravi d'un pas solitaire les hauteurs de la vie politique, et il est arrivé sur le
Sinaï, d'où l'on proclame la vérité. De 1848 à 1868, pendant vingt ans, il a fait
une autre ascension, celle du Calvaire, d'où l'on juge la vie humaine, et alors il
a contemplé les événements et les hommes, il a écouté la rumeur des idées,
des livres, des débats de toute sorte. Il a prêté l'oreille aux questions que le
xix⁰ siècle s'adresse à lui-même; il a pesé les accusations que notre temps
dirige contre notre temps.

Les accusations!... elles étaient de deux sortes. Un soir, Lamartine, retiré
dans sa demeure, lisait des livres qui incriminaient sévèrement ou son œuvre
ou sa vie. Un autre soir, quelqu'un arrivait qui dénonçait au poète la France
elle-même, disant qu'elle dépérit, que la littérature est avilie, que les caractères s'abaissent, que la nation vieillit et meurt. Ainsi, à mesure qu'il avan-
çait en âge, il voyait l'intelligence française douter tour à tour et de ses
maîtres et d'elle-même.

Il écoutait, et la tristesse devait l'envahir, lui aussi; quelques paroles,
amères comme l'expérience, pouvaient monter à ses lèvres. Mais bientôt il
s'élevait au-dessus des murmures, qui ne conviennent qu'à la faiblesse, il se
séparait vivement des *dénigreurs*. C'est le mot qu'il a créé pour désigner les
hommes qui prêchent la décadence.

« Il y a peu de jours, dit-il (dans le X⁰ *Entretien*), qu'un de ces dénigreurs
acharnés du temps présent, qui croient constater leur supériorité person.ielle
par un superbe mépris de leur siècle, vint passer la soirée au coin de mon feu.
Il avait de l'humeur contre les choses, et il l'épanchait contre les hommes. »

Et Lamartine ajoute en souriant :

« Il avait oublié ce mot si sensé et si profond de M. de Talleyrand, qui
résume en une plaisanterie la philosophie expérimentale d'une longue vie : Il
ne faut jamais se fâcher contre les choses, car cela ne leur fait rien du tout. »

Avec ce tact merveilleux qui ne l'abandonne jamais, Lamartine indique le véritable mobile des hommes qui érigent en malheur public leur mécontentement
personnel. Mais, avouons-le, il y a aussi dans le tempérament de notre pays
une tendance générale à faire bon marché de notre passé et de notre avenir.
Comme les Athéniens, qui n'étaient jamais satisfaits de l'état des choses, nous
sommes nos propres censeurs. Excellente sévérité, si elle nous pousse à faire
mieux! Il faut être difficile pour soi-même, si l'on veut s'élever et avancer en
s'élevant. Détestable manie au contraire, si l'on s'arrête en route pour débla-
térer contre ceux qui marchent! Par malheur le nombre est grand de ceux
qui rabaissent leur pays et leur époque au lieu d'agir. Ils croient se mettre
au-dessus de la foule parce qu'ils se mettent en dehors. Leur personnne et la
personne d'autrui les préoccupent beaucoup plus que la France. Médire des
hommes les dispense d'étudier les questions. Ce sont eux qui prennent la
plume en disant : Je vais *démolir* celui-ci; mot actuel et chose toute simple,

qui veulent dire que nous ne laisserons debout ni une gloire, ni une œuvre. Et tandis que nous parlons ainsi des nôtres, les pays étrangers prennent au sérieux des mépris qu'ils tournent en confessions. L'Allemand Gervinus enseigne à ses disciples l'infériorité avouée de la race française; l'Angleterre a ses raisons pour ne pas la démentir; la jeune Amérique, raillant la vieille Europe, nous fait passer les premiers dans la barque de Caron. C'est assez naturel, après tout. La France n'a-t-elle pas dénoncé la France à l'univers?

Lamartine n'a jamais consenti à cette abdication nationale. Il a envisagé en face la question si légèrement tranchée par ses détracteurs quand même, la question capitale, unique, supérieure aux débats personnels, la question de prétendue décadence du pays (1), et il l'a résolue en notre faveur; en vieillissant, il a cru à la jeunesse, et il a eu raison, car jusqu'ici on s'est trompé quand on a signalé dans notre histoire des époques de déclin; on a pris souvent les périodes de transformation pour des temps de décrépitude; que de fois, depuis les terreurs de l'an 1000, on a cru les destinées du pays voisines de leur fin! Ceux qui prenaient le change ignoraient que la France subit de siècle en siècle une alternative presque régulière : ou elle se livre à la pensée, ou elle se donne à l'action; aujourd'hui elle est toute aux travaux de l'esprit, demain elle se jettera dans les entreprises de la guerre; tantôt elle s'organise solidement, tantôt elle réforme soudain son organisation. Ainsi s'élabore, par la succession des mouvements contraires, la grandeur d'un pays qui déjà au temps de Caton avait deux caractères : l'amour de l'action et le culte de l'intelligence.

En vain essaya-t-on de gagner Lamartine au parti des mécontents, en intéressant sa propre gloire dans cette question générale. La preuve de notre faiblesse n'était-elle pas notre conduite à son égard, laquelle on appelait une défection?... « Vous êtes, lui disait-on, un grand homme tombé. » A ces mots il relevait la tête : « Je ne suis pas un homme tombé, répondait-il, je suis un homme sorti. »

Pourtant les retours qu'il dut faire sur sa vie furent terribles. Jamais un poète ne se vit ainsi, du jour au lendemain, acclamé par toute une nation, puis oublié. Jamais la logique étroite et absolue des partis n'éleva si haut et ne renversa si vite une idole patriotique. Lamartine a écrit quelque part une page saisissante qui reflète dans toute sa vivacité le sentiment qu'il conserva de ces variations violentes de l'opinion. Il raconte qu'un jour, à Saint-Point, il rencontra un vieux paysan dont il était bien connu jadis; cet homme, resté dans la montagne comme un solitaire, avait entendu tour à tour monter jusqu'à sa hutte les échos divers de l'admiration et de l'indifférence politiques.

« On disait que vous ne reviendriez jamais; qu'il y avait eu du bruit là-bas; qu'on vous avait nommé un des rois de la république; et puis qu'on avait voulu vous mettre en prison ou en exil, comme sous la Terreur. Il est venu au printemps un colporteur qui vendait des images de vous dans le pays, comme celles d'un grand de la république; et puis il en est venu en automne qui ven-

____

(1) Les Entretiens VII, VIII, IX, X sont consacrés à cet obje~

daient des chansons contre vous, comme celles de Mandrin. J'ai bien pleuré quand ma fille m'a raconté cela un dimanche, en revenant de la messe. Est-ce bien possible, ai-je dit, que ce monsieur ait fait tous ces crimes? et que lui, qui n'aurait pas fait de mal à une bête quand il était petit, il ait fait couler le sang des hommes dans Paris par malice? Et puis quelques mois plus tard, on a dit que ce n'était pas vrai; et puis, on n'a plus rien dit du tout.

— « Hélas! père Dutemps, ai-je répondu, il y a du vrai et du faux dans tous ces bruits de nos agitations lointaines, qui sont montés jusqu'à nos déserts, comme le bruit du canon de Lyon y monte quand c'est le vent du midi, sans que l'on puisse savoir d'ici si c'est le canon d'alarme ou le canon de fête. On ne sait de même que longtemps après les révolutions, si les hommes qui y ont été jetés sont dignes d'excuse ou de blâme. N'en parlons pas à présent. »

On a beau faire, on en parle à présent... et Lamartine, malgré tout, n'a pas résisté à la pression des choses, qui l'obligeait à revenir sur ses actes et sa vie. Il aurait pu répondre simplement à ses contemporains : — Si je vous ai inspiré des pensées fortes et nobles, j'ai bien mérité de vous: si en me lisant vous avez senti que vous étiez meilleurs, ou plus grands, ou plus capables de générosité, j'ai rempli parmi vous une tâche honorable. Il aurait pu dire aussi à quelques hommes de notre génération, qui lui reprochaient brutalement de n'avoir pas métamorphosé toute la nation au gré de leurs désirs : — Attendez! ne jugez pas trop vite ceux qui avant vous ont porté le poids du jour. Vous n'avez pas subi l'anxiété des écrivains qui, en 1820, en 1830, en 1840, ont pris la charge d'éveiller ou d'exprimer les idées de leur époque; vous n'avez pas eu la responsabilité de la pensée politique; vous ignorez le martyre de l'esprit.

Il n'a rien répondu de tout cela; il a jeté, comme au hasard, à ses lecteurs devenus inattentifs, quelques explications perdues dans ses volumes des *Entretiens*. Ses amis ont obtenu de lui la publication de ses *Discours*. Quelques hommes consciencieux ou fidèles ont étudié l'ensemble de ses œuvres. Mais le poète ne savait pas mettre d'ordre dans une apologie qui lui semblait vaine et précoce. Il n'a jamais pris la peine de distribuer avec exactitude les souvenirs de sa vie ou de plaider méthodiquement la cause de sa mémoire.

Un jour sans doute on fera une édition de ses œuvres plus complète, moins dispersée; chaque parole s'y trouvera à sa date, chacune des questions abordées par lui dans le cours d'une longue carrière, pourra se détacher à volonté du livre définitif, et l'on sera surpris de reconnaître la hardiesse de ce précurseur. Si l'éditeur littéraire de cette édition n'oublie pas qu'il faut y joindre un *Index* intelligent (c'est, je crois, l'historien anglais Carlisle qui propose de pendre quiconque publie au XIXᵉ siècle un livre sans index), on verra quelle suite d'idées, quelle galerie de portraits, quelle doctrine élevée, quelles prophéties certaines, quelles vues pour l'avenir se dégagent de l'œuvre de Lamartine.

Nous croyons la connaître et nous ne la connaissons pas. Je sais nombre de gens qui en sont restés aux poèmes et qui ne soupçonnent pas la variété charmante ou sévère des œuvres de Lamartine.

Eh bien ! devançons le temps, dégageons dès aujourd'hui ce qu'on pourrait appeler le second Lamartine, c'est-à-dire celui qui, après avoir chanté en poète, parla un jour le langage des conseillers de la nation. A la tribune ou dans la presse, dans les luttes du forum ou dans les entretiens du foyer, il devint à son heure le juge de notre siècle; son esprit, dont la sagacité merveilleuse était tempérée par une grâce infinie, pénétra jusqu'au fond des choses de notre temps; il a laissé, éparses, mille pages lumineuses sur les hommes de 1820 et mille aperçus prophétiques sur la suite comme sur l'avenir de notre époque. Tour à tour arbitre ou témoin des événements, — oracle adoré d'une société qui n'est plus, ou devin clairvoyant pour le compte des générations naissantes, — fauteur des grands mouvements populaires ou modérateur des mêmes mouvements, — il savait le secret des âmes, la valeur des hommes, la loi qui préside au cours des choses, et il avait qualité pour porter des jugements profonds. Mais ce que l'on ne croirait guère en lisant les *Harmonies*, ce grave et pur rêveur était un homme d'esprit dans le sens le plus délicat du mot. Son coup d'œil rapide saisissait dans les réalités de la vie les travers familiers, ou surprenait les calculs vulgaires; si bien que le même génie qui trouvait une expression noble pour les illusions généreuses de l'humanité, trouvait aussi, sans le vouloir, à la rencontre, une expression d'une exquise ironie pour les illusions ridicules de notre nature.

De bonne heure il choisit entre ces deux facultés, entre l'admiration et l'ironie. J'ai dit comment il brûla ses premiers vers, qui étaient mêlés de grâce et de raillerie. Il eut le bonheur de comprendre d'abord par le respect la littérature sérieuse. Épris du beau, il s'abandonna en néophyte au culte des grands hommes. Il a raconté lui-même ses émotions lorsqu'il allait un matin, à pied, de Paris à Sceaux, pour apercevoir Chateaubriand, heureux de se percher sur un arbre pour épier l'écrivain illustre. De même il allait visiter aux *Charmettes* l'ombre de Jean-Jacques Rousseau; ou bien il cherchait en Suisse la trace des pas de madame de Staël; en Italie, il pénétrait dans le cabinet désert d'Alfieri; ailleurs il frissonnait en voyant passer lord Byron; partout il contemplait et recueillait les souvenirs que laissent après eux les esprits, véritables maîtres du monde. Ainsi fut-il à son tour digne de prendre place dans le cortége immortel.

Voyons maintenant comment, après l'immense succès de la poésie grave qu'il inaugure, un jour vint où les autres puissances de son esprit entrèrent en activité où l'imagination céda l'empire de son intelligence à l'observation.

Un homme qui, sous les apparences de l'abandon, avait toujours l'esprit en éveil devait sentir vivement les moindres variations de notre pays. En 1829, sa clairvoyance aisément vigilante, devina tout ce qui allait se passer, et du moment où elle eut deviné, le poète s'arrêta dans sa voie. Il voulut, en 1833, aborder la tribune ; il se présenta aux élections.

Repoussé d'abord, Lamartine, apprit bientôt dans le Liban, où il était, que la France s'était ravisée et qu'il était député de Bourges. Alors s'ouvrit pour lui la carrière nouvelle, dans laquelle son rôle ne fut plus de charmer les hommes, mais de discuter et de juger, c'est-à-dire d'être tour à tour en accord ou en lutte avec son temps. Au milieu des courants et des contre-courants de l'opinion, il devait successivement être le pilote qui dirige ou le naufragé que la vague emporte ; et comme il était incapable d'entrer peu à peu, par habileté et par calcul dans le jeu des partis, il demeura toujours seul entre les groupes contraires. Obéissant à sa pensée, il ne pouvait être le disciple de personne : sa destinée fut d'être chef ou de rester spectateur des événements.

Orateur, il s'isole, en face des ligues qui se formaient pour monter à l'assaut du pouvoir. On applaudit à son éloquence sans la comprendre : on ne croyait pas qu'il y eût dans ses prophéties, qui pourtant se réalisèrent, une doctrine que pourtant on y retrouve aujourd'hui.

Historien, il s'isola également de ceux qui répudiaient 89 et de ceux qui adoraient 93. Quand l'instinct puissant qui l'avertissait lui dicta les pages émues des *Girondins*, on admira le peintre, mais on ne pensa pas que dans ce tableau, le point de lumière était choisi d'après une doctrine historique.

Lamartine, dans la retraite, devint critique. Une fois de plus il se mit à l'écart, pour voir de loin et de haut. Sans tenir compte des écoles et des modes, il apprécia librement l'histoire intellectuelle du xixe siècle ; il ne fut d'accord ni avec les optimistes, qui vivent d'admiration mutuelle, ni avec ces esprits négatifs qui s'enveloppent pédantesquement dans la mauvaise humeur, dans le dédain stérile et dans les allusions détournées. Sa doctrine, qui reposait sur une foi vive dans le génie de la France, resta comme obscure dans les pages qu'il abandonnait à l'avenir.

L'avenir a commencé, et il doit tirer de cette seconde œuvre de Lamartine la doctrine qu'elle renferme. A Dieu ne plaise que je transforme en prédicant le libre poète ! mais je crois que les hommes tels que lui, dont les instincts sont trop divers et trop riches pour se plier à une méthode, ont néanmoins au fond de l'esprit un sentiment supérieur, une conviction dominante, et, permettez-moi le mot, une synthèse philosophique dont leurs écrits sont les manifestations incomplètes. Un enseignement se trouve dans tout ce qu'ils produisent ; c'est à nous de le saisir.

Ouvrez les six volumes de *Discours* de Lamartine et rapportez-les au temps où ces discours furent prononcés, quelle leçon pour les politiques à courte vue ! Ce langage magnifique que les hommes dits positifs affectent de louer exclusivement pour en rejeter avec plus d'aisance la substance et la moelle, il n'est que le vêtement brillant d'une pensée forte qui a vu et prévu. Dans la mêlée parlementaire, tandis que le gouvernement et l'opposition se livraient des combats dont nous avons peine à ressaisir le sens, la voix solitaire du poète s'élevait tout à coup et parlait d'autre chose. Elle ne mettait pas au bout d'un discours la perspective d'un ministère. Elle dévoilait l'existence d'une vérité politique nouvelle et qu'on oubliait d'observer dans la rumeur des ambitions. Elle annonçait l'avènement d'un parti invisible, invraisemblable, sans nom et sans passé, le *parti social*. Elle anticipait sur les années et sur la pensée humaine ; c'était une révélation, dont la portée échappait aux factions rivales. Que voulait dire Lamartine quand il montrait du doigt une foule immense agitée, impatiente, qu'il fallait accueillir et éclairer ; quand il voulait que l'on répandît la lumière et qu'on prévînt l'incendie ; quand, enfin, il s'écriait : « L'enseignement ! l'enseignement ! il sera libre, gratuit et répandu partout ! » Que voulait-il, quand il se détournait des débats ministériels et « regardant par la fenêtre, » disait : « je ne vois pas les hommes, je vois une crise. » Qu'osait-il dire, lorsqu'il affirmait que la puissance politique ne repose pas sur le machiavélisme ?

Là-dessus, écoutons ses propres paroles : « La politique, dont les anciens ont fait un mystère, dont les modernes ont fait un art, n'est ni l'un ni l'autre : il n'y a là ni habileté, ni force, ni ruse. A l'époque solennelle du monde, dans l'ampleur vraie et divine du mot, la politique, c'est de la morale, de la raison et de la vertu !..... Laissez donc le scepticisme se complaire dans son impuissance et nier la vérité sociale pour n'avoir pas la peine de la découvrir ou de la défendre !.... En prenant Dieu pour point de départ et pour but, le bien le plus général de l'humanité pour objet, la morale pour flambeau, la conscience pour juge. la liberté pour route, vous ne courez aucun risque de vous égarer. »

Ce passage suffit à marquer nettement deux choses que je voulais faire ressortir devant vous, en dehors de la politique, qui n'est pas mon objet, à savoir le rôle de Lamartine à la tribune et sa pensée sur l'avenir.

Son rôle est celui de l'orateur véritable : j'entends par là un homme, rare entre tous, qui est, à un moment donné, l'organe des idées publiques et le porte-drapeau de la justice universelle. Lorsque Démosthènes, accusé par Eschine. entendait autour de lui les cris de haine de la multitude, il ne pouvait dominer le bruit et la colère du peuple. Tout semblait perdu dans sa vie ; on croyait que les premières paroles qu'il prononcerait seraient couvertes de huées ; mais quand enfin on le laissa ouvrir la bouche, alors il dit : « Athéniens, je prie avant tout les dieux et les déesses de vous inspirer à mon égard autant de justice que j'ai toujours eu de dévouement envers la république ; je les prie de vous rappeler votre loi qui prescrit d'écouter également l'un et l'autre orateur. » Démosthènes, ce jour-là. invoquait un principe supérieur à l'humanité ; il s'élevait au-dessus de lui-même ; il n'était plus une personne, mais la personnification d'un droit. De même aujourd'hui, celui-là est l'orateur qui parle, non pas pour soutenir une cause particulière, comme l'avocat, non pas pour renverser un rival, comme le chef de parti, mais bien pour rallier ses semblables autour d'une idée supérieure. Il ne plaide pas une cause, il plaide la vérité et son but doit être de faire de la justice un lieu commun.

Lamartine, non-seulement fut cet orateur qui proclame les vérités universelles, mais encore il fit usage de la puissance de sa parole pour flétrir, au nom de ces principes, la mollesse des hommes qui ne croient pas à l'avenir. A ceux qui lui indiquaient les troubles et les bas-fonds de la société. il répliquait : « Le flot qui arrive est plus pur que le flot qui s'en va.... Ne maudissez pas tant la vie et l'homme. (1) »

Concluons sur ce point important de la vie de Lamartine, et indiquons d'un mot le jugement que porteront nos enfants sur son rôle oratoire. Lamartine

(1) Voyez la *France parlementaire* ; — Lamartine et son temps, par Louis Ulbach.

ne croyait pas aux formules extérieures de l'éloquence politique, ni aux combinaisons ambitieuses des hommes d'Etat, ni aux habiletés, ni aux ligue ni aux manœuvres des groupes parlementaires : il croyait que la réalité de la politique et de l'éloquence est dans l'âme même, et il appelait le parti nouveau dont il annonçait l'approche : le parti de l'idée.

Eh bien! cette conviction respire dans tous ses jugements littéraires ou historiques aussi bien que dans ses discours. En descendant de la tribune et en changeant de terrain, il n'a pas changé de doctrine. En dépit de la variété de son œuvre, il en est de Lamartine historien et critique comme de Lamartine orateur. Sa répugnance pour les coteries politiques n'a d'égale que sa répulsion pour les conventions mensongères de l'histoire et pour les simulacres de beauté en matière de littérature. Là aussi, il rencontre un monde artificiel, des partis qui ont un mot d'ordre, des érudits qui parlent par abstractions solennelles, des mandarins lettrés qui usent d'un langage irréprochable et vide, des virtuoses, qui exécutent au nom de l'art des œuvres caressées avec soin, mais aussi éloignées de la vérité que le ciel l'est de la terre. Il aperçoit des hommes qui bâtissent des théories spécieuses, sans y croire, et d'autres qui inventent des mécanismes de phrases ou des engrenages de raisonnement, destinés à tromper l'oreille et l'esprit, tous affichant un mépris attique pour la masse des lecteurs et déclarant qu'ils écrivent pour l'élite.

« Ecrivez pour les enfants et pour les femmes! » dit Lamartine. Et comme alors, chose étrange! les sophistes lui reprochent à lui-même son style tout à a fois populaire et idéal, prétendant qu'il a mis à mal l'imagination du peuple et celle des femmes, il leur oppose une double réponse : — un livre d'histoire, les *Girondins*, et des volumes de critique, les *Entretiens*.

« Le style, c'est la physionomie de la pensée, » dit-il. Il faut sentir, si l'on veut écrire ; et l'on ne peut jamais élever trop haut l'accent du style. « Ce n'est pas en vain qu'on élève le diapason de l'éloquence d'un peuple. La voix s'éteint, l'orateur passe, mais le diapason reste! L'instrument survit à l'artiste souverain qui l'a touché, et, quand il naît un autre artiste, il trouve l'instrument tout monté sous sa main. » Lamartine va plus loin encore, il accepte pour son compte le reproche de personnalité qu'on lui adresse, disant que les livres restent où l'on a mis toute son âme. C'est toujours, vous le voyez, le même principe.

Or, ce principe, appliquez-le un instant. Jugez selon cette règle les ouvrages innombrables qui ont paru depuis soixante ans, combien résisteront à cette épreuve? Lamartine, que l'on croyait aveuglé sur son temps ou par son indulgence de bon goût ou par « sa personnalité » a laissé plus d'un portrait qui sera recueilli par la postérité.

Un exemple : Quels livres ont fait plus de bruit que le *Génie du Christianisme* par Châteaubriand et que le dithyrambe de Lamennais : *De l'Indifférence en matière de religion* ? Et quel homme était moins en état de les juger, dirat-on, que Lamartine, le poète spiritualiste et religieux ?

Or, Lamartine discernait les qualités réelles des qualités apparentes avec tant de netteté chez l'un et l'autre de ces écrivains, qu'il va vous paraître, je le crains, pénétrant jusqu'à la sévérité. Il sait que Châteaubriand, en exaltant les pompes et la poésie de la religion, est un enchanteur qui nous dérobe la question véritable sous la magie d'une vision pittoresque : sans hésitation, comme sans violence, il déclare *sophistique* le procédé de l'artiste. Ce même homme qu'il a aimé avec passion, il le juge, et il réclame impérieusement de lui ce qui lui manquait, la vérité simple et le naturel. La postérité dira-t-elle autrement? Ne trouvera-t-elle pas que Châteaubriand, en rappelant au siècle les grandeurs du Christianisme, a donné le change à l'enthousiasme de ses lecteurs ? Ce ne sont pas les fêtes et les séductions de la religion, ce ne sont pas les cierges étoilés et les vapeurs de l'encens qui ont fait de l'ère moderne l'ère chrétienne : c'est la promulgation d'un droit et d'un devoir nouveaux aux noms desquels le dernier des malheureux trouve place dans le même temple, à côté des plus grands et des plus favorisés.

Venons à Lamennais. Son livre le plus célèbre trompa également l'admiration publique ; on crut être gagné à ses idées, tandis qu'on était subjugué par la vigueur de son style, et pendant qu'une école se formait sur ses pas, lui, il changea de drapeau. Lamartine, qui lui fut présenté de bonne heure, a raconté avec une verve incisive l'impression qu'il garda de sa visite :

« Je trouvai un petit homme presque imperceptible, ou plutôt une flamme que le vent de sa propre inquiétude chassait d'un point de sa chambre à l'autre, comme un de ces feux phosphoriques qui flottent sur l'herbe des cimetières et que les paysans prennent pour l'âme des trépassés. Il était non pas vêtu, mais couvert d'une redingote sordide, dont les basques étirées de vétusté battaient ses pantoufles ; il penchait la tête vers le plancher comme un homme qui cherche à lire des caractères mystérieux sur le sable. Il regardait obliquement, il ricanait sans cesse, il parlait avec une volubilité intarissable. L'ironie était sa figure favorite de conversation. On sortait aigri contre les hommes de son entretien. L'arrière-goût de son âme était amer.

« Je me sentis peu d'attrait pour ce grand homme de style. Il venait d'écrire son livre sur l'*Indifférence en matière de religion*. Depuis J. J. Rousseau et jusqu'à madame Sand, on n'avait rien lu d'une telle diction oratoire et polémique. Ces phrases étaient moulées sur l'*Héloïse* ; mais c'était Rousseau sans onction et sans pathétique. M. de Lamennais raisonnait avec une logique aussi savamment membrée qu'une charpente de fer ; il déclamait avec une majesté de voix, une vigueur de gestes, une insolence de conviction, une audace d'apostrophes qui sentaient admirablement l'éloquence. C'était un grand disciple et un grand modèle de l'art d'écrire : mais le véritable art d'écrire n'est pas un art, c'est une âme. L'âme manquait aux mots, ce n'était que la draperie du génie. »

Voilà un peintre redoutable, qui a la main légère et le coup de pinceau énergique. S'il lui plaisait d'esquisser en se jouant tous les portraits de notre époque, ce serait une galerie de Velasquez, composée de toiles élégantes et tranquillement vraies. Ecoutez-le causer en traversant les salons; chez

Mme de Montcalm il vous fait entrevoir « M. Molé (1) qui portait dans la politique l'atticisme de sa figure ; M. Pasquier, esprit le plus facile et le plus habile aux transitions qui pût glisser avec grâce d'un gouvernement à l'autre, pourvu que ce fût un gouvernement; Pozzo di Borgo, esprit grec au service des Russes...; le prince de Talleyrand, homme d'assez d'esprit pour représenter à lui seul trois siècles. »

Cet éloge de Talleyrand indignera les historiens. Lamartine le sait et ne s'en émeut pas. Il a ses raisons, et d'ailleurs il ne prétend point amnistier l'homme entier, parce qu'il vante son esprit. Là-dessus, un mot charmant. Quelqu'un, l'entendant parler avec sympathie du célèbre diplomate, l'interrompt par cette objection :

— Et la morale ?

— La morale, il n'y touchait pas.

Lamartine a de ces indulgences plus terribles que des sévérités.

Que pensait-il de nous, de nos œuvres, de nos prétentions? Peut-être ceux qui l'ont critiqué durement auraient-ils à craindre pour eux-mêmes si, par un retour de la critique, il venait les juger. Mais, non! Lamartine avait tant de fierté pour lui-même et tant d'orgueil pour son pays, qu'il se redressait avec hauteur à la seule pensée de venger sur quelqu'un en particulier ou sur la France en général ses épreuves personnelles, ses injures, sa vieillesse...

A un jeune homme qui l'insultait, il a répondu : « Je te pardonne, tu ne me connais pas ; tu parles au nom de ton père irrité contre moi. » A un censeur dont la vivacité était extrême, il ne répliquait pas autrement qu'en citant son nom avec tant d'éloges qu'il semblait couvrir de fleurs l'ennemi qui l'attaquait. A nous tous, enfin, qui, entraînés par le mouvement de l'époque, allons devant nous en raillant un peu les hommes et les choses, les vieux souvenirs de gloire et les grandes traditions littéraires, il montrait qu'il savait railler mieux que nous et que pourtant il croyait à deux lois éternelles : à la loi du beau et à la loi du progrès.

N'est-ce pas cette doctrine que vous retrouvez dans toutes les pensées de ses derniers écrits? Au bout de sa vie comme au temps de sa jeunesse, quand il jugeait Bossuet, comme lorsqu'il brûlait ses premiers vers, il était persuadé que la gravité et la sincérité de l'esprit sont la condition de la grandeur. « Le sérieux en tout fait partie du beau, écrivait-il, l'humanité n'est pas une bouffonnerie. » Et le beau même, c'est l'essence la plus intime de notre nature. « L'art d'écrire n'est pas un art, c'est une âme, » disait-il tout à l'heure en parlant de Lamennais.

Mais ce sont là des conseils et des maximes. Il y a une manière plus énergique de prouver le mouvement, c'est de marcher. Lamartine a continué d'écrire ; il s'est mis, sur la fin de sa carrière, à passer en revue tous les génies de l'univers, demandant à leurs œuvres le secret du beau et la justification de sa propre doctrine : Par là il s'associait au grand travail de la France contem-

---

(1) Au moment où je relis ces pages, Henri de Lacretelle me cite un mot sur M Molé, l'homme nonorable, qui représentait si bien un parti et le soutenait si peu : — Molé, disait Lamartine, c'est une cariatide, ce n'est pas une colonne.

poraine. A l'époque même où son âge et les événements de sa vie lui donnaient le droit de se séparer des générations nouvelles, il entrait dans les voies où nous sommes et qu'il n'avait pas ouvertes, mais qu'il savait être les voies de l'avenir.

Un dernier mot à ce sujet. Lamartine a terminé sa carrière par un essai général de critique comparée. S'élevant tout à coup au-dessus des hommes qui bornent leur horizon intellectuel, qui ne connaissent que leur pays et qui ont, disait-il, « un patriotisme de mappemonde, » il se rangeait du côté des penseurs qui regardent la France comme le pays chargé de recueillir sympathiquement les idées universelles et l'œuvre de tous les peuples. Lui, poète lyrique, il tentait alors de définir la puissance indéfinissable du bon sens, de la clarté, de la raison française; il rassemblait autour de nous toutes les littératures, il nous appelait à contempler de nouveau la splendeur des livres hébraïques, la grâce merveilleuse du génie italien, la profondeur de l'observation anglaise, en un mot, toutes les manifestations de l'intelligence humaine dont nous devions nous pénétrer; et il proclamait l'avènement d'une littérature universelle dont la France était le centre et l'organe. Il a même voulu formuler en vers précis, j'allais dire didactiques, son opinion à cet égard.

> Ce ne sont plus des mers, des degrés, des rivières,
> Qui bornent l'héritage entre l'humanité.
> Les bornes des esprits sont leurs seules frontières;
> Le monde s'éclairant l'élève à l'unité.

Voilà la pensée générale; et voici la part de la France dans ce mouvement :

> Ma patrie est partout où rayonne la France.
> Où son génie éclate aux regards éblouis!
> Chacun est du climat de son intelligence;
> Je suis contemporain de toute âme qui pense ;
> La vérité, c'est mon pays.

Un jour, Messieurs, on tiendra compte à Lamartine de s'être associé à la pensée qui, aujourd'hui, dominant les hommes et les nations, entraîne le monde vers l'union et l'échange de tous les chefs-d'œuvre. Mais nous sommes encore dans une période d'élaboration; nous ne savons pas tous que l'idéal démocratique de l'avenir sera d'étendre en élevant et non pas d'étendre en nivelant; nous n'avons pas tous cette conviction que la littérature, expression populaire de toutes les vérités, est le trait d'union des peuples. Déjà, sans doute, nous réunissons sous une même auréole, le *Faust* de Goethe, le *Hamlet* de Shakspeare, le *Don Quichotte* de Cervantes, la *Divine Comédie* du Dante, et les merveilles de l'art grec, et les débats profonds du forum romain, et la poésie de l'Orient...... Mais l'heure n'est pas venue encore où tout le monde saura que le génie littéraire est chose sérieuse et agit profondément sur la destinée des hommes.

La littérature est, pour beaucoup d'esprits mal éclairés, une diversion aimable à la vie active. On ne la croit ni positive, ni redoutable ; on la regarde passer comme un nuage brillant et vague..... Prenons-y garde! Ce qui est éphémère et vague, c'est le reste.... Tout passe, les rois, les peuples, les institutions, seul, le génie reste, jeune encore, après vingt siècles..... Et ce nuage, comme vous appelez la littérature, contient l'électricité, force incompressible et insaisissable, sur laquelle vous ne pouvez rien et qui peut, elle, vous frapper un jour.

Cette vérité éclatera bientôt; on saluera comme des oracles ces écrivains dont les âmes se dévoraient elles-mêmes ; et alors ce sera la gloire de Lamartine, non-seulement de figurer parmi eux, mais encore d'avoir signalé, comme critique, l'union future de tous les peuples et de tous les génies

A l'heure présente, ce n'est là qu'un rêve ; l'ombre de Lamartine nous dit d'en faire une réalité, et une réalité française.

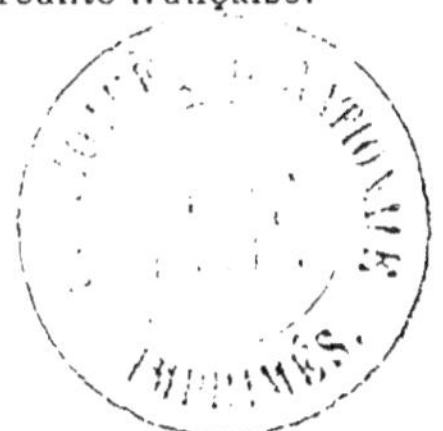

FIN

F. AUREAU. — IMPRIMERIE DE LAGNY.